CARNET DE LIAISON

PAPA ET MAMAN

Année: ....

ECRIVEZ DES MESSAGES SIMPLES,

POSITIFS QUI CONCERNENT SEULEMENT LES ENFANTS.

ESSAYEZ DE FAIRE AVANCER LES CHOSES EN TRANSMETTANT DES MESSAGES CONSTRUCTIFS.

BONNE FOI ET HONNÊTETÉ !

EMPLOYEZ DES PROPOS RESPECTUEUX.

PAS DE JUGEMENT, PAS DE REPROCHE, NI AUCUN DÉNIGREMENT.

A CHAQUE GARDE COMPLÉTEZ FIDÈLEMENT CE CARNET
QUI EST UN ÉLÉMENT IMPORTANT DANS VOTRE RÔLE DE PARENT.

VOUS DEVEZ COMMUNIQUER LES MESSAGES ,
CECI RELÈVE DE VOTRE RESPONSABILTÉ

VOS ENFANTS NE SONT
PAS DES PIGEONS VOYAGEURS !

VOUS DEVEZ VOUS CONCERTER POUR TROUVER UN ACCORD AU BÉNÉFICE DE VOTRE ENFANT

<u>Les sujets concernés :</u>

Le choix de la résidence habituelle de votre enfant
prenant en compte la distance géographique entre vos domiciles.

Les moyens de communication avec vos enfants et leur fréquence :
téléphone, mail, messagerie instantanée...

Le calendrier parental (congés, événements...), la vie quotidienne de votre enfant, ses loisirs.

Les effets personnels de votre enfant.

Les soins médicaux, la prise en charge et l'accès au dossier médical de votre enfant.

Sa scolarité, ses résultats, son orientation (changement d'école, voyage scolaire)
L'éducation, la pratique religieuse.

Les déplacements à l'étranger.

 # INFORMATIONS PARENTS

 ## **PAPA**

Nom :   **Prénom :**

Adresse :

Téléphone :

Mail :

Si urgence si tu n'arrives pas à me contacter :

Nom :   **Prénom :**   **Téléphone :**

Nom :   **Prénom :**   **Téléphone :**

 ## **MAMAN**

Nom :   **Prénom :**

Adresse :

Téléphone :

Mail :

Si urgence si tu n'arrives pas à me contacter :

Nom :   **Prénom :**   **Téléphone :**

Nom :   **Prénom :**   **Téléphone :**

 # INFORMATIONS ENFANTS

Nom : **Prénom :**

Age :

Date de naissance :

Numéro assurance maladie :

Etat de santé : (allergies, maladie, médication, autres)

Informations générales : (Routine, habitude de sommeil, alimentation, loisirs)

Ecole, Garderie :
Téléphone :

Professeur/ Educateur :
Téléphone :

Médecin :
Téléphone :

Spécialiste :
Téléphone :

INFORMATIONS ENFANTS

Nom :   **Prénom :**

Age :

Date de naissance :

Numéro assurance maladie :

Etat de santé : (allergies, maladie, médication, autres)

Informations générales : (Routine, habitude de sommeil, alimentation, loisirs)

Ecole, Garderie :
Téléphone :

Professeur/ Educateur :
Téléphone :

Médecin :
Téléphone :

Spécialiste :
Téléphone :

AUTRES RENSEIGNEMENTS

Notes

GARDE DU .. / .. / .... AU .. / .. / ....

A la maison : difficultés, humeur, hygiène, bons coups, routine

A l'école, garderie : bons coups, difficultés, devoirs, examens, bulletins, amis

Etat de santé : Etat général, rdv médecin, dentiste, médicaments, soins

Evénement particulier / Autres : vacances, fêtes, événements spéciaux

Activités effectuées / sports ::

Réponse de l'autre parent :

J'ai lu les messages :

GARDE DU .. / .. / .... AU .. / .. / ....

A la maison : difficultés, humeur, hygiène, bons coups, routine

A l'école, garderie : bons coups, difficultés , devoirs, examens, bulletins, amis

Etat de santé : Etat général, rdv médecin, dentiste, médicaments, soins

Evénement particulier / Autres : vacances, fêtes, événements spéciaux

Activités effectuées / sports :

Réponse de l'autre parent :

J'ai lu les messages :

GARDE DU .. / .. / .... AU .. / .. / ....

A la maison : difficultés, humeur, hygiène, bons coups, routine

A l'école, garderie : bons coups, difficultés, devoirs, examens, bulletins, amis

Etat de santé : Etat général, rdv médecin, dentiste, médicaments, soins

Evénement particulier / Autres : vacances, fêtes, événements spéciaux

Activités effectuées / sports ::

Réponse de l'autre parent :

J'ai lu les messages :

GARDE DU .. / .. / .... AU .. / .. / ....

A la maison : difficultés, humeur, hygiène, bons coups, routine

A l'école, garderie : bons coups, difficultés, devoirs, examens, bulletins, amis

Etat de santé : Etat général, rdv médecin, dentiste, médicaments, soins

Evénement particulier / Autres : vacances, fêtes, événements spéciaux

Activités effectuées / sports :

Réponse de l'autre parent :

J'ai lu les messages :

GARDE DU .. / .. / .... AU .. / .. / ....

A la maison : difficultés, humeur, hygiène, bons coups, routine

A l'école, garderie : bons coups, difficultés, devoirs, examens, bulletins, amis

Etat de santé : Etat général, rdv médecin, dentiste, médicaments, soins

Evénement particulier / Autres : vacances, fêtes, événements spéciaux

Activités effectuées / sports :

Réponse de l'autre parent :

J'ai lu les messages :

GARDE DU .. / .. / .... AU .. / .. / ....

A la maison : difficultés, humeur, hygiène, bons coups, routine

A l'école, garderie : bons coups, difficultés , devoirs, examens, bulletins, amis

Etat de santé : Etat général, rdv médecin, dentiste, médicaments, soins

Evénement particulier / Autres : vacances, fêtes, événements spéciaux

Activités effectuées / sports ::

Réponse de l'autre parent :

J'ai lu les messages :

GARDE DU .. / .. / .... AU .. / .. / ....

A la maison : difficultés, humeur, hygiène, bons coups, routine

A l'école, garderie : bons coups, difficultés, devoirs, examens, bulletins, amis

Etat de santé : Etat général, rdv médecin, dentiste, médicaments, soins

Evénement particulier / Autres : vacances, fêtes, événements spéciaux

Activités effectuées / sports :

Réponse de l'autre parent :

J'ai lu les messages :

GARDE DU .. / .. / .... AU .. / .. / ....

A la maison : difficultés, humeur, hygiène, bons coups, routine

A l'école, garderie : bons coups, difficultés, devoirs, examens, bulletins, amis

Etat de santé : Etat général, rdv médecin, dentiste, médicaments, soins

Evénement particulier / Autres : vacances, fêtes, événements spéciaux

Activités effectuées / sports ::

Réponse de l'autre parent :

J'ai lu les messages :

GARDE DU .. / .. / .... AU .. / .. / ....

A la maison : difficultés, humeur, hygiène, bons coups, routine

A l'école, garderie : bons coups, difficultés, devoirs, examens, bulletins, amis

Etat de santé : Etat général, rdv médecin, dentiste, médicaments, soins

Evénement particulier / Autres : vacances, fêtes, événements spéciaux

Activités effectuées / sports :

Réponse de l'autre parent :

J'ai lu les messages :

GARDE DU .. / .. / .... AU .. / .. / ....

A la maison : difficultés, humeur, hygiène, bons coups, routine

A l'école, garderie : bons coups, difficultés , devoirs, examens, bulletins, amis

Etat de santé : Etat général, rdv médecin, dentiste, médicaments, soins

Evénement particulier / Autres : vacances, fêtes, événements spéciaux

Activités effectuées / sports ::

Réponse de l'autre parent :

J'ai lu les messages :

GARDE DU .. / .. / .... AU .. / .. / ....

A la maison : difficultés, humeur, hygiène, bons coups, routine

A l'école, garderie : bons coups, difficultés , devoirs, examens, bulletins, amis

Etat de santé : Etat général, rdv médecin, dentiste, médicaments, soins

Evénement particulier / Autres : vacances, fêtes, événements spéciaux

Activités effectuées / sports ::

Réponse de l'autre parent :

J'ai lu les messages :

GARDE DU .. / .. / .... AU .. / .. / ....

A la maison : difficultés, humeur, hygiène, bons coups, routine

A l'école, garderie : bons coups, difficultés, devoirs, examens, bulletins, amis

Etat de santé : Etat général, rdv médecin, dentiste, médicaments, soins

Evénement particulier / Autres : vacances, fêtes, événements spéciaux

Activités effectuées / sports ::

Réponse de l'autre parent :

J'ai lu les messages :

GARDE DU .. / .. / .... AU .. / .. / ....

A la maison : difficultés, humeur, hygiène, bons coups, routine

A l'école, garderie : bons coups, difficultés , devoirs, examens, bulletins, amis

Etat de santé : Etat général, rdv médecin, dentiste, médicaments, soins

Evénement particulier / Autres : vacances, fêtes, événements spéciaux

Activités effectuées / sports :

Réponse de l'autre parent :

J'ai lu les messages :

GARDE DU .. / .. / .... AU .. / .. / ....

A la maison : difficultés, humeur, hygiène, bons coups, routine

A l'école, garderie : bons coups, difficultés, devoirs, examens, bulletins, amis

Etat de santé : Etat général, rdv médecin, dentiste, médicaments, soins

Evénement particulier / Autres : vacances, fêtes, événements spéciaux

Activités effectuées / sports ::

Réponse de l'autre parent :

J'ai lu les messages :

GARDE DU .. / .. / .... AU .. / .. / ....

A la maison : difficultés, humeur, hygiène, bons coups, routine

A l'école, garderie : bons coups, difficultés , devoirs, examens, bulletins, amis

Etat de santé : Etat général, rdv médecin, dentiste, médicaments, soins

Evénement particulier / Autres : vacances, fêtes, événements spéciaux

Activités effectuées / sports ::

Réponse de l'autre parent :

J'ai lu les messages :

GARDE DU .. / .. / .... AU .. / .. / ....

A la maison : difficultés, humeur, hygiène, bons coups, routine

A l'école, garderie : bons coups, difficultés , devoirs, examens, bulletins, amis

Etat de santé : Etat général, rdv médecin, dentiste, médicaments, soins

Evénement particulier / Autres : vacances, fêtes, événements spéciaux

Activités effectuées / sports ::

Réponse de l'autre parent :

J'ai lu les messages :

GARDE DU .. / .. / .... AU .. / .. / ....

A la maison : difficultés, humeur, hygiène, bons coups, routine

A l'école, garderie : bons coups, difficultés, devoirs, examens, bulletins, amis

Etat de santé : Etat général, rdv médecin, dentiste, médicaments, soins

Evénement particulier / Autres : vacances, fêtes, événements spéciaux

Activités effectuées / sports :

Réponse de l'autre parent :

J'ai lu les messages :

GARDE DU .. / .. / .... AU .. / .. / ....

A la maison : difficultés, humeur, hygiène, bons coups, routine

A l'école, garderie : bons coups, difficultés , devoirs, examens, bulletins, amis

Etat de santé : Etat général, rdv médecin, dentiste, médicaments, soins

Evénement particulier / Autres : vacances, fêtes, événements spéciaux

Activités effectuées / sports ::

Réponse de l'autre parent :

J'ai lu les messages :

GARDE DU .. / .. / .... AU .. / .. / ....

A la maison : difficultés, humeur, hygiène, bons coups, routine

A l'école, garderie : bons coups, difficultés , devoirs, examens, bulletins, amis

Etat de santé : Etat général, rdv médecin, dentiste, médicaments, soins

Evénement particulier / Autres : vacances, fêtes, événements spéciaux

Activités effectuées / sports :

Réponse de l'autre parent :

J'ai lu les messages :

GARDE DU .. / .. / .... AU .. / .. / ....

A la maison : difficultés, humeur, hygiène, bons coups, routine

A l'école, garderie : bons coups, difficultés , devoirs, examens, bulletins, amis

Etat de santé : Etat général, rdv médecin, dentiste, médicaments, soins

Evénement particulier / Autres : vacances, fêtes, événements spéciaux

Activités effectuées / sports ::

Réponse de l'autre parent :

J'ai lu les messages :

GARDE DU .. / .. / .... AU .. / .. / ....

A la maison : difficultés, humeur, hygiène, bons coups, routine

A l'école, garderie : bons coups, difficultés, devoirs, examens, bulletins, amis

Etat de santé : Etat général, rdv médecin, dentiste, médicaments, soins

Evénement particulier / Autres : vacances, fêtes, événements spéciaux

Activités effectuées / sports :

Réponse de l'autre parent :

J'ai lu les messages :

GARDE DU .. / .. / .... AU .. / .. / ....

A la maison : difficultés, humeur, hygiène, bons coups, routine

A l'école, garderie : bons coups, difficultés , devoirs, examens, bulletins, amis

Etat de santé : Etat général, rdv médecin, dentiste, médicaments, soins

Evénement particulier / Autres : vacances, fêtes, événements spéciaux

Activités effectuées / sports ::

Réponse de l'autre parent :

J'ai lu les messages :

GARDE DU .. / .. / .... AU .. / .. / ....

A la maison : difficultés, humeur, hygiène, bons coups, routine

A l'école, garderie : bons coups, difficultés, devoirs, examens, bulletins, amis

Etat de santé : Etat général, rdv médecin, dentiste, médicaments, soins

Evénement particulier / Autres : vacances, fêtes, événements spéciaux

Activités effectuées / sports :

Réponse de l'autre parent :

J'ai lu les messages :

GARDE DU .. / .. / .... AU .. / .. / ....

A la maison : difficultés, humeur, hygiène, bons coups, routine

A l'école, garderie : bons coups, difficultés , devoirs, examens, bulletins, amis

Etat de santé : Etat général, rdv médecin, dentiste, médicaments, soins

Evénement particulier / Autres : vacances, fêtes, événements spéciaux

Activités effectuées / sports ::

Réponse de l'autre parent :

J'ai lu les messages :

GARDE DU .. / .. / .... AU .. / .. / ....

A la maison : difficultés, humeur, hygiène, bons coups, routine

A l'école, garderie : bons coups, difficultés , devoirs, examens, bulletins, amis

Etat de santé : Etat général, rdv médecin, dentiste, médicaments, soins

Evénement particulier / Autres : vacances, fêtes, événements spéciaux

Activités effectuées / sports :

Réponse de l'autre parent :

J'ai lu les messages :

GARDE DU .. / .. / .... AU .. / .. / ....

A la maison : difficultés, humeur, hygiène, bons coups, routine

A l'école, garderie : bons coups, difficultés , devoirs, examens, bulletins, amis

Etat de santé : Etat général, rdv médecin, dentiste, médicaments, soins

Evénement particulier / Autres : vacances, fêtes, événements spéciaux

Activités effectuées / sports :

Réponse de l'autre parent :

J'ai lu les messages :

GARDE DU .. / .. / .... AU .. / .. / ....

A la maison : difficultés, humeur, hygiène, bons coups, routine

A l'école, garderie : bons coups, difficultés , devoirs, examens, bulletins, amis

Etat de santé : Etat général, rdv médecin, dentiste, médicaments, soins

Evénement particulier / Autres : vacances, fêtes, événements spéciaux

Activités effectuées / sports ::

Réponse de l'autre parent :

J'ai lu les messages :

GARDE DU .. / .. / .... AU .. / .. / ....

A la maison : difficultés, humeur, hygiène, bons coups, routine

A l'école, garderie : bons coups, difficultés , devoirs, examens, bulletins, amis

Etat de santé : Etat général, rdv médecin, dentiste, médicaments, soins

Evénement particulier / Autres : vacances, fêtes, événements spéciaux

Activités effectuées / sports ::

Réponse de l'autre parent :

J'ai lu les messages :

GARDE DU .. / .. / .... AU .. / .. / ....

A la maison : difficultés, humeur, hygiène, bons coups, routine

A l'école, garderie : bons coups, difficultés , devoirs, examens, bulletins, amis

Etat de santé : Etat général, rdv médecin, dentiste, médicaments, soins

Evénement particulier / Autres : vacances, fêtes, événements spéciaux

Activités effectuées / sports :

Réponse de l'autre parent :

J'ai lu les messages :

GARDE DU .. / .. / .... AU .. / .. / ....

A la maison : difficultés, humeur, hygiène, bons coups, routine

A l'école, garderie : bons coups, difficultés , devoirs, examens, bulletins, amis

Etat de santé : Etat général, rdv médecin, dentiste, médicaments, soins

Evénement particulier / Autres : vacances, fêtes, événements spéciaux

Activités effectuées / sports ::

Réponse de l'autre parent :

J'ai lu les messages :

GARDE DU .. / .. / .... AU .. / .. / ....

A la maison : difficultés, humeur, hygiène, bons coups, routine

A l'école, garderie : bons coups, difficultés , devoirs, examens, bulletins, amis

Etat de santé : Etat général, rdv médecin, dentiste, médicaments, soins

Evénement particulier / Autres : vacances, fêtes, événements spéciaux

Activités effectuées / sports ::

Réponse de l'autre parent :

J'ai lu les messages :

GARDE DU .. / .. / .... AU .. / .. / ....

A la maison : difficultés, humeur, hygiène, bons coups, routine

A l'école, garderie : bons coups, difficultés , devoirs, examens, bulletins, amis

Etat de santé : Etat général, rdv médecin, dentiste, médicaments, soins

Evénement particulier / Autres : vacances, fêtes, événements spéciaux

Activités effectuées / sports ::

Réponse de l'autre parent :

J'ai lu les messages :

GARDE DU .. / .. / .... AU .. / .. / ....

A la maison : difficultés, humeur, hygiène, bons coups, routine

A l'école, garderie : bons coups, difficultés , devoirs, examens, bulletins, amis

Etat de santé : Etat général, rdv médecin, dentiste, médicaments, soins

Evénement particulier / Autres : vacances, fêtes, événements spéciaux

Activités effectuées / sports :

Réponse de l'autre parent :

J'ai lu les messages :

GARDE DU .. / .. / .... AU .. / .. / ....

A la maison : difficultés, humeur, hygiène, bons coups, routine

A l'école, garderie : bons coups, difficultés , devoirs, examens, bulletins, amis

Etat de santé : Etat général, rdv médecin, dentiste, médicaments, soins

Evénement particulier / Autres : vacances, fêtes, événements spéciaux

Activités effectuées / sports ::

Réponse de l'autre parent :

J'ai lu les messages :

GARDE DU .. / .. / .... AU .. / .. / ....

A la maison : difficultés, humeur, hygiène, bons coups, routine

A l'école, garderie : bons coups, difficultés , devoirs, examens, bulletins, amis

Etat de santé : Etat général, rdv médecin, dentiste, médicaments, soins

Evénement particulier / Autres : vacances, fêtes, événements spéciaux

Activités effectuées / sports :

Réponse de l'autre parent :

J'ai lu les messages :

GARDE DU .. / .. / .... AU .. / .. / ....

A la maison : difficultés, humeur, hygiène, bons coups, routine

A l'école, garderie : bons coups, difficultés , devoirs, examens, bulletins, amis

Etat de santé : Etat général, rdv médecin, dentiste, médicaments, soins

Evénement particulier / Autres : vacances, fêtes, événements spéciaux

Activités effectuées / sports :

Réponse de l'autre parent :

J'ai lu les messages :

GARDE DU .. / .. / .... AU .. / .. / ....

A la maison : difficultés, humeur, hygiène, bons coups, routine

A l'école, garderie : bons coups, difficultés , devoirs, examens, bulletins, amis

Etat de santé : Etat général, rdv médecin, dentiste, médicaments, soins

Evénement particulier / Autres : vacances, fêtes, événements spéciaux

Activités effectuées / sports :

Réponse de l'autre parent :

J'ai lu les messages :

GARDE DU .. / .. / .... AU .. / .. / ....

A la maison : difficultés, humeur, hygiène, bons coups, routine

A l'école, garderie : bons coups, difficultés, devoirs, examens, bulletins, amis

Etat de santé : Etat général, rdv médecin, dentiste, médicaments, soins

Evénement particulier / Autres : vacances, fêtes, événements spéciaux

Activités effectuées / sports ::

Réponse de l'autre parent :

J'ai lu les messages :

GARDE DU .. / .. / .... AU .. / .. / ....

A la maison : difficultés, humeur, hygiène, bons coups, routine

A l'école, garderie : bons coups, difficultés , devoirs, examens, bulletins, amis

Etat de santé : Etat général, rdv médecin, dentiste, médicaments, soins

Evénement particulier / Autres : vacances, fêtes, événements spéciaux

Activités effectuées / sports ::

Réponse de l'autre parent :

J'ai lu les messages :

GARDE DU .. / .. / .... AU .. / .. / ....

A la maison : difficultés, humeur, hygiène, bons coups, routine

A l'école, garderie : bons coups, difficultés , devoirs, examens, bulletins, amis

Etat de santé : Etat général, rdv médecin, dentiste, médicaments, soins

Evénement particulier / Autres : vacances, fêtes, événements spéciaux

Activités effectuées / sports ::

Réponse de l'autre parent :

J'ai lu les messages :

GARDE DU .. / .. / .... AU .. / .. / ....

A la maison : difficultés, humeur, hygiène, bons coups, routine

A l'école, garderie : bons coups, difficultés , devoirs, examens, bulletins, amis

Etat de santé : Etat général, rdv médecin, dentiste, médicaments, soins

Evénement particulier / Autres : vacances, fêtes, événements spéciaux

Activités effectuées / sports ::

Réponse de l'autre parent :

J'ai lu les messages :

GARDE DU .. / .. / .... AU .. / .. / ....

A la maison : difficultés, humeur, hygiène, bons coups, routine

A l'école, garderie : bons coups, difficultés, devoirs, examens, bulletins, amis

Etat de santé : Etat général, rdv médecin, dentiste, médicaments, soins

Evénement particulier / Autres : vacances, fêtes, événements spéciaux

Activités effectuées / sports ::

Réponse de l'autre parent :

J'ai lu les messages :

GARDE DU .. / .. / .... AU .. / .. / ....

A la maison : difficultés, humeur, hygiène, bons coups, routine

A l'école, garderie : bons coups, difficultés , devoirs, examens, bulletins, amis

Etat de santé : Etat général, rdv médecin, dentiste, médicaments, soins

Evénement particulier / Autres : vacances, fêtes, événements spéciaux

Activités effectuées / sports :

Réponse de l'autre parent :

J'ai lu les messages :

GARDE DU .. / .. / .... AU .. / .. / ....

A la maison : difficultés, humeur, hygiène, bons coups, routine

A l'école, garderie : bons coups, difficultés, devoirs, examens, bulletins, amis

Etat de santé : Etat général, rdv médecin, dentiste, médicaments, soins

Evénement particulier / Autres : vacances, fêtes, événements spéciaux

Activités effectuées / sports ::

Réponse de l'autre parent :

J'ai lu les messages :

GARDE DU .. / .. / .... AU .. / .. / ....

A la maison : difficultés, humeur, hygiène, bons coups, routine

A l'école, garderie : bons coups, difficultés , devoirs, examens, bulletins, amis

Etat de santé : Etat général, rdv médecin, dentiste, médicaments, soins

Evénement particulier / Autres : vacances, fêtes, événements spéciaux

Activités effectuées / sports ::

Réponse de l'autre parent :

J'ai lu les messages :

GARDE DU .. / .. / .... AU .. / .. / ....

A la maison : difficultés, humeur, hygiène, bons coups, routine

A l'école, garderie : bons coups, difficultés , devoirs, examens, bulletins, amis

Etat de santé : Etat général, rdv médecin, dentiste, médicaments, soins

Evénement particulier / Autres : vacances, fêtes, événements spéciaux

Activités effectuées / sports :

Réponse de l'autre parent :

J'ai lu les messages :

GARDE DU .. / .. / .... AU .. / .. / ....

A la maison : difficultés, humeur, hygiène, bons coups, routine

A l'école, garderie : bons coups, difficultés , devoirs, examens, bulletins, amis

Etat de santé : Etat général, rdv médecin, dentiste, médicaments, soins

Evénement particulier / Autres : vacances, fêtes, événements spéciaux

Activités effectuées / sports :

Réponse de l'autre parent :

J'ai lu les messages :

GARDE DU .. / .. / .... AU .. / .. / ....

A la maison : difficultés, humeur, hygiène, bons coups, routine

A l'école, garderie : bons coups, difficultés , devoirs, examens, bulletins, amis

Etat de santé : Etat général, rdv médecin, dentiste, médicaments, soins

Evénement particulier / Autres : vacances, fêtes, événements spéciaux

Activités effectuées / sports ::

Réponse de l'autre parent :

J'ai lu les messages :

GARDE DU .. / .. / .... AU .. / .. / ....

A la maison : difficultés, humeur, hygiène, bons coups, routine

A l'école, garderie : bons coups, difficultés , devoirs, examens, bulletins, amis

Etat de santé : Etat général, rdv médecin, dentiste, médicaments, soins

Evénement particulier / Autres : vacances, fêtes, événements spéciaux

Activités effectuées / sports :

Réponse de l'autre parent :

J'ai lu les messages :

GARDE DU .. / .. / .... AU .. / .. / ....

A la maison : difficultés, humeur, hygiène, bons coups, routine

A l'école, garderie : bons coups, difficultés , devoirs, examens, bulletins, amis

Etat de santé : Etat général, rdv médecin, dentiste, médicaments, soins

Evénement particulier / Autres : vacances, fêtes, événements spéciaux

Activités effectuées / sports ::

Réponse de l'autre parent :

J'ai lu les messages :

GARDE DU .. / .. / .... AU .. / .. / ....

A la maison : difficultés, humeur, hygiène, bons coups, routine

A l'école, garderie : bons coups, difficultés, devoirs, examens, bulletins, amis

Etat de santé : Etat général, rdv médecin, dentiste, médicaments, soins

Evénement particulier / Autres : vacances, fêtes, événements spéciaux

Activités effectuées / sports :

Réponse de l'autre parent :

J'ai lu les messages :

GARDE DU .. / .. / .... AU .. / .. / ....

A la maison : difficultés, humeur, hygiène, bons coups, routine

A l'école, garderie : bons coups, difficultés , devoirs, examens, bulletins, amis

Etat de santé : Etat général, rdv médecin, dentiste, médicaments, soins

Evénement particulier / Autres : vacances, fêtes, événements spéciaux

Activités effectuées / sports ::

Réponse de l'autre parent :

J'ai lu les messages :